傍晚，我遇见了星

金佳娜

著

长江出版传媒

长江文艺出版社

金佳娜

2002年2月生于浙江宁波。作品散见于《中国诗歌报》《青年诗人》《港城文脉》等报刊，被选为《青年诗人》2022—2023年度十佳校园诗人。

向着诗心祈祷的竹之少女

——序金佳娜诗集《傍晚，我遇见了星》

王中朋

佳娜，是我一位年轻的诗友和学生。据我所知，佳娜是位骨子里不愿放弃诗和远方的诗人。当下的社会已经进入一个不愿仰望星空的时代，但佳娜即使终日繁忙于书案，仍会抬头仰望天空里渐渐亮起的群星。这是一位可人的人间少女藏在书桌旁临时的休憩——追溯至人类之初时，人类先祖们便开始了这种心灵的停歇。这个停歇之处，便诞生了最早的诗心。佳娜的诗心也是如此诞生。

据我所知，佳娜是一个不愿主动分享自己诗歌的女生。这确实反映了佳娜的羞涩和自谦，佳娜认真地说道："我的诗歌写得不足以展览在大庭广众之下！"这的确引起了我的警觉，什么时候诗歌成了二十世纪八十年代，在盛大节日时，摆在家家门口晾晒的大白菜了？

佳娜和那位争渡的女诗人有所不同。我的印象里，佳娜虽有这样的嬉戏，但是实际生活中，佳娜却像法国画家米勒的《牧羊女与群羊》里，进行一天辛勤地劳作后，傍晚时分对着诗心祈祷的少女。实话实说这就是质朴。

佳娜是诗歌草原上的牧羊女，忙碌着照顾自己的羊群。我起初认为佳娜祈祷的是，只要羊群能吃饱，人们就不会挨饿。后来我才察觉，佳娜祈祷着每一只刚落地却还站不稳脚跟的羔羊都不要挨饿。实话实说，这是我对生活的麻木造成的。后来佳娜把每日的祈祷之语，分行进了她的诗集中。

在这本诗集里，确实有一些句子格外引人注目，譬如说："救赎一片黑暗里的生灵。"为何，诗人在遇见了诗星后，便产生了救赎？笔者知晓有一位先知少时曾掉入了沙漠里的一口井中，陷入生还无望之境，却被路过商队丢下的一条绳索所救。佳娜的绳索系在何处呢？佳娜看到她和她的同伴都陷进了犹如一口黑色深井般的现实中。她们抬头仰望星空之际，一条条牵系诗星的绳索悠悠荡荡地从月亮的悬窗抖落了下来。佳娜和她的同伴们悔过后，便被这绳索所救。可以断定"一片黑暗里的生灵"也是被诗星的绳索所救。

佳娜的老家在宁波，宁波在我的记忆里是一个从皮囊到灵魂都富足的城市，我曾有幸接受诗友去往宁波的香山教寺做客。一路上，佳娜向我介绍起她的诗歌的忠诚的听者——宁波之竹。佳娜说："在多年的诗歌见习中，我有诸多秘密和诗歌分享给这些竹友、诗友"。一声"竹友、诗友"让我不禁大笑起来，然后思索明觉。古往今来，竹确实为我友，文人诗人们甚至请竹于家中做客，敬其为君子、上宾，也有诗人称友人为竹中君子。这皆因为人类发现了竹之品性、习性。年轻的佳娜也想做竹的友人，她发现了竹子的"翠绿"和"竹之所在"，在其诗《居于翠绿中》

中写下："翠绿，之所在是我灵魂的归所，万念归一之际，我只愿依旧居于翠绿。"佳娜爱恋着她的家乡，尤其是夜游时出来邂逅的游鱼和月光。佳娜故此写道："疾奔向无人遇见的荒凉/她与滤过竹影的月光相伴"。

可见佳娜这位向着诗心祈祷的竹之少女已然有了心灵居所，一位倾心于自然的"新竹"依然在人间行走，也愿人间的烟火善待她这位"竹之少女"。

写于 2023 年 9 月 25 日，宁波香山教寺

（王中朋，诗人、评论家。安徽当代诗歌研究会评论家委员会副主任，中国诗歌学会会员，安徽作家协会会员。）

目　录

当你打开樱花的心扉

春意阑珊
樱花甜粥温热在
阒然的桌台上
四季轮转
有人慢熬着
眼前这四碗粥

盛春过后
加了樱花的那碗
仍有暗香
品花人享用
冬日后的第一碗温食
花香萦绕于她的衣袖

天地来探春时
花慢慢挤满了园子
又化作满园的胭脂泪
涂抹在地上的春色
无人叨扰
那些渐渐变暗的目光
却偷偷享用起嫣然的清宁

甜粥颂

岁行庚子末
且烹一碗绵稠的甜粥
煮进赤豆桂圆大小米
炖进朝暾夕月好光景

别，痴痴地把那灶台望
走出家门，放眼世界
中国的院落
飘出美梦般甜香

别，呆呆地任流年淌过
手里的时间
漏出细沙般的薄凉

庚子年的腊八
中国早已决胜小康
来年春天
人们把崇高的精神境界
守候
像顽童稚子等候一碗甜粥般
虔诚

届时，花开无声，岁月静好

人人做着自己喜欢的事

誓为守候

庚子年末

舀碗腊八甜粥

为全民共享！

她与滤过竹影的月光相伴

星星与夜
开始缓缓盛开于人世
万籁絮语
月悄悄蹀步于溪上

水波浩渺间的游鱼
错过披上浪漫的星光
薪火煮茗　目光相遇
是雨水落笔的美丽的错误
眸色微垂　不经意间
打碎了的清宁心绪
浮在起伏的月色里

天地晕染开清冬
溪涧流淌入汪洋
有鱼　从北冥来
把女孩从雨后接走
刻骨铭心地藏在心底

破了那长堤　别了那楚天
鲲背之上
三足乌飞过她眼前时

记忆消退了长堤的颜色
游鱼游出了她的心河

汪洋尽头　她与鲲同栖
小轩窗里风翻起案上书
窗外　沉没于森林的太阳
疾奔向无人遇见的荒凉
她与滤过竹影的月光相伴

你双手温暖过的青萍

我要买个鱼缸
捉一些河鱼河虾
我流水般的青春里
任它们自由生长
青萍点缀其上
但是你，永远不会是
我偶然遇见的萍客

我失手打翻你亲赠的鱼缸
再没有被你双手温暖过的青萍
对我吟哦
鱼，游出我的生活
我只好去攀登远方的山

出发前，我要买个鱼缸
翻山遇海，那时
它装满了你的笑语盈盈

生而为荷

凉亭外
细雨拍打着残荷

我在等天晴
倚在岸边眷盼

荷花
细细生长出来后
绿伞下这个小城
你在微笑

折花赠汝

山泉
环佩而叮当
思念
青岩上踱步
桥头素履　欣然所往
不尽言语的所有美盛放

水光潋滟间
闪烁着谁的眸光
烟波浩渺般消隐
又随风撤回
似多年前的邂逅

夏花在从前摇曳
我倚靠着如墨眸光
假意因花驻足
却悄悄向你观望

光景轻轻来
流风悄悄散
你鼻翼间停留过的青草香
留笑颜于心间酣畅

涟漪层层叠叠，碎了留影

而我终不忍

折花赠汝

为荷而开

天色被忧愁染黑
成群的萤火虫撕扯两翼
疾飞　向那旷野
坏情绪扯出荷的灵魂

一颗星子般的虫
冷着脸离了群
跌进天上的湖
湿漉漉的魂
含着泪，同人间一并入夏
在水天一色处开出花来

芳　华

清心宁静
午后最适安想
你说我腌制的美梦
挂着雨凇
尝出了沁凉

我想
你烹饪过的夜
一定没有花香
有所辜负　熹微之晨

晚春了
我还没有掉落　踮着脚
堪堪地站在柔风里
偷看落地窗里的人

文火里，她煲的浓汤
适合地老天荒
暖阳漫步的阳台最是暗香
而她蜷缩在慰藉里安睡

我醒于一朵莲的幽香

一梦黄粱后失语的色彩
顺着我伸手接下的雪花流泻
染白了垂柳的双鬓
代替我的双手抚上你头发

你闲悠上云梢的逸趣里
我点灯笑看春蹦跳的身影
你纵身跃入草绿泥潭
笑语托起一树树花开

我醒于一朵莲的幽香
树影斑驳晃进湖心
你蒙眬的呢喃飘进
落英缤纷
常青的香樟

穿越你的山水间

天上人泼墨作画
满山黛色欲沉吟
不抵伊人一寸心
心如静影沉璧

人间烟火缱绻
未若满眼星辰恰如你
青石黛瓦，古桥无言
踏过悠悠多少岁月

河鱼河虾，花鸟草木
听倦盈盈多少笑语
渔舟飘然，心旷怡然
跫音远去了

我说起
一位姑娘的前世今生
有谁问，炊烟袅袅处
望的是天上，还是人间？

我愿慢慢踱过一季的悠悠

几经繁华，岁至年暮
发染霜雪，童心仍驻
谁稀罕画里仙翁——
鹤发童颜？

繁华沄沄不再
纷纷细雪飘绵
披挂远征时
哪管得风雪路遥？

慌乱的马蹄声殆尽
我缝补安静的心时，听见
泛不系之舟的人
在天地灵心里仰天大笑
谪仙人告诉我
我辈非为蓬蒿人
浩瀚书海
亘古至今地绵延
噤声而闻
有人
在振铎

昨夜梦里来了你的信笺

遥问星宿猜牛斗
繁星迢迢莫笑错答
却道织女牛郎星
拔剑续酒入神话

笑望两星情深坠无声
桃源境里品聊斋
微雨山行问西东
神仙道府　洞天别有
山崖回眸　神女羞怯
虎首落处　何湿两靥
忙道纷雨　非为双泪

昨夜梦里来了你的信笺
信前的烛火尽情摇曳
信里的姑娘红了两腮
还有怎样的遐思没有写来
没有你的故事，光景也难挨

晚秋别有深意的荞麦
为你细烹来两山青黛
梅落栀雪时节道天寒

谁伸手托住了白雪皑皑

我把姑娘的心事轻轻采来

写诗讲故事的人坏笑在心尖尖

红润了一个抄诗小姑娘的香腮

缝补云天

写给你的字
静静地飞上了云天
你沉默着
画着那泛彩流金的云彩

裹挟着的阳光
把我轻轻包围
远远地
清风捎来
你怀抱的温暖
混着桂香

一只天狗撕咬着安静
残破的天掉落了一串串晶莹
我于是从云端坠落
看着你奋力画上黄昏
世界渐渐微醺

完工的你沁出汗水
万籁俱静
你却说，"我们来跳舞吧"

天空小城

云梯，云梯
在抑郁症孩子犯病时的足下摇晃
在我们尽情欢舞时
颇有几分醉意的浪漫里摇曳身姿

想你，我上了云梯
偏以顿悴时的微语
一定要风听见
遇见你，在那天空小城
平安夜里的情书
化作了星子划破永恒

课堂上的我睡眼惺忪
最后的视线飘向
醉倒在莫吉托薄荷香里的你
那耳后的红晕
在彼岸的天边浓得化不开

梦里，我把心事说给风听
盖上了邮戳，等你逐字逐句地阅读
我说，那座天空小城，借着云梯
我们还要去……

我听见了玫瑰之声

大观园藤椅上的半旧抱枕
品析着葬花女子泣泪的深情
书里书外，且去寻觅罢——
令人魂断的皆由过往而起

一芯灯火在风里忽明忽暗
静夜残窗里
一个念旧的姑娘翻起了旧书

清晨，我听见了玫瑰花唤我
混着声声鸟鸣，也混着清新的凉意
境变时迁，突然明白过来
这人间一遭仿若大梦一场

比我年长二十岁的德国中古杯
盛过多少情人间的荧荧烛火
又斟满过多少欢喜、心酸？
饮者在杯子外头醉倒
去梦里看前人琼浆碰杯，环佩叮咛
梦醒，又白白地错过多少故事

今朝，你有酒，我有杯子

我们不说话
你忙于读书，我忙于写诗
醉了的时间摔碎了杯子
碎片里飘出玫瑰的悠扬歌声

今夜世界只为她一人孤独

初冬，簌簌小雨从天庭坠落
落地窗前的女孩酣睡在黄昏
她在梦里暗自神伤

时间拖着长长的尾划破安宁
她醒在一个没有人的冬天的晚上
记忆里他的眼似星辰坠满了海洋
可温柔的晚风吹灭了那眸光
今夜世界只为她一人孤独

听　雪

层云翻滚
荡落了梅花瓣

我把情诗
遥寄天空彼岸
用一场大风将信纸铺展
零落的梅绽于其上

一支笔
款款舞上几案
道不尽心中牵念
这天，飘落的是雪
还是心事？

雪落下的声音
仿若我踮脚在你耳畔
悄悄地呢喃
雪，舞兮蹈兮，为谁嫣然
替我把眷恋
在梅香里演绎
花开无枝，落雪成冰
顺问冬安

梦里起舞

他把散落的月光收拾好
换作盛放在手心的步摇
赠予提着长裙的姑娘

眠在暖冬
她焚的香飘入婆娑境里
弹起《六幺》
垂珠在发鬓旁起舞
花颜更比桃花俏

梦醒，一曲终了
余音袅袅　银装枝头
手里的包裹
是他寄来的那只步摇

撑一支夜色里的长篙

我渴慕美

逢着她绝不浅尝辄止

是夜，一人于书中泛舟

月的光缓缓地流下来

盛满了整个池塘

时不时泛起的涟漪

忽明忽暗地绽在水月相融里

我看见水记忆的深处

诗人身侧　美人婉约的笑靥

掉落的星辰竟不如她

皎洁月却淡然滤过酒糟

温最纯粹的一壶酒

斟满了我的酒杯

趁夜色正好

诗人们将莲子悄悄种在水中央

我撑一支篙，闯入夜色

又缓缓驶出归去

清早，水中央

我看见荷　俏然而生

昨夜，它在我的酒杯里

长着繁茂的枝叶
今晨它摇曳的荷香
令我想起
书里的妗然女子
撩拨了我的诗情
取悦了这安宁世界

寤寐思服

珠峰山上雪
也温柔
斯人眼旁痕
也凌厉

欣喜归去时
一片皑白的雪伴我
我却看见
蛱蝶伴着婵娟起舞
天涯不过咫尺间
愿看清风徐过浪粼粼
黄昏、沙滩、美酒和你

痴蝶恋疯花
有不羁之才的那人
寤寐，倾吾一人
空城

呼唤每一朵雪花的名字

两三朵蹁跹，千万朵娉婷
你是盛景满掬于世的清澈
波光潋滟，你每一处的落款
都漾开了涟漪

岂能随意，通称为"雪"
莫要落寞，为你念名：
桃花梨花，老杨嫩叶
鲜妍新妆，名唤春
葳蕤深意，草木菁菁
葱茏点点，名为夏
雨打残荷，黄叶翩翩
橙黄橘绿，此为秋
银花玉树，梅点压枝
寒蝉凄切，当唤冬

人之初，一身洁白
犹如瓣瓣柔雪
四时际遇所染后
斑斓生气绘出浮世

我相信亚圣孟轲

即便他人，行不为我所解
不同名字的人的本心
仍是雪般清明澄透

等你长成参天的模样

我要用耳朵聆听
树下春天
那个听风弄琴的姈然女子
所奏之章

人间愁苦作客尘
马上肩并肩一块奔跑
还要去看春暖花开
青鸟衔来种子
我把我的爱和她一起种下
等她长成参天的模样
把我的心绪写进"沙沙"里
再一字一句地读
给她听

诗心生禅

今生问佛陀
深山叩古刹
梦里花落静
万籁草木生

诗心生禅
临崖而心不惊
卧石而听雨眠
行善而不求知

诗心之良善
掷地而无声
参禅无须悟道
但求眸明与心清

恕

眼里的星河被打碎
醉在崖底的她便醒来
拂袖一次次地怒揩
世间不平处
血汩汩地淌出染红了崖石
世界无动于衷
还说她狂狷且褊急

他不忍，予她一本
《传习录》
她和她的疯狂
逃离了人们的眼睛

山边湖畔，林静鸟歌
窗里头坐着一个
笑着的小姑娘
一笔一画，她在抄经

一种力量

我向人世伸出手
挽来了万般气象
消失在云端上的人
远去了哒哒的马蹄声
终究离去了
病痛中的地球

我仍不放弃希望
向人间望望——一眼万年
不再适合我翱翔的天际
在枯树的顶端
我化鸟乘风归去

人类终究是过客
残破的光景错付给了
盛大的文明

浮华落尽后
地球，我爱的孩子
她终将会洗净铅华
而使我泪眼婆娑的是
可持续发展的力量！

言者，你想说什么

澳洲星火已燎原
葱茏绿意渐行渐远
泪眼映苍穹
漫天的烟尘盖不住
她潸然的泪下
"言者，你想说什么？"
她拉住言者的手问道

灾难来时匆忙
炸开了这个世界
人类忙于遮盖丑恶
漫天的尘埃里
大抵还有你哭泣的模样
言者，你想说什么呢？
"我想画上大树，
在这颗生存已久的星球。"
言者心中想到
然而什么也没有说！
只是"唉"了一声

在充满温室气体的世界里

我的掌心收留了谁

今生今世的湖边

你眨着眼

微微翘起的睫毛

让我想起，破茧成的蝶

第一次在春光中

扇动了翅膀

所幸

我收起了船桨

安静地看着

自成风景的你

小小的一叶扁舟

是湖泊伸出的手掌

轻轻，托起你水中窈窕倒影

我从未遇到这样的姑娘

眼里未因游鱼惊起一朵涟漪

心，又不知在哪朵花里哼唱

夏天，我将为你

开出最美的花来

荷香摇曳着清风

愿清风在你耳畔讲述

湖水掌心里的秘密

采撷人间至美

世界肮脏破败
你赤脚走过泥泞
一尘也不染

我何时不念你呢
蘱上露日前不晞
好梦深眠不易醒
你足以让残破的翅膀
重新爱上这世间

残翅的鸟儿
哪怕俯首望深崖
哪怕所有的遭遇
都成了浑身的硬刺
也要带着刺负重而飞
去将崖边人间至美的你采撷

心之良知
夏蝉可语冰
蟪蛄知春秋
而我，能好好地飞

不愿善良

我看，那冷——
冷得惊跑了从小到大的梦
梦纷纷飞走，无法挽留
我总疑心，它们穿越了时空
回到了儿时稚童的身后
牢牢地跟着

寒凉中的人没有梦
但常走的小径上
有被枝叶滤过的阳光
温润了敏感的心

总有一处寻常景
足以滋养半日闲情
足以慰藉痛苦之人

人生路漫漫
她忘了她曾说过
自己再也不愿善良

装进一扇充满人间烟火的窗

公交第二层车厢里的靠窗位子
将累极了的她承托
身，禁锢在车上
心却闲游着武汉城
有一处，她睁大了眼
车过了，想象却就此停留

新的楼房拔地而起
万家灯火夺窗而出
她小小的心满了

这硕大无朋的钻石
每个发着光的面
都是一户人家
春雨刚刚洗过的窗里
住进了人间的星辰
晚归人看惯城市霓虹
照亮脚下路的
唯有那芯灯火

车过了，她把她自己和外地的男友
装进一扇充满人间烟火的窗
是夜，梦也眠在了花开的季节

梦里的窗

你忘了，十六岁时
雪天里我们一起触摸雪花
我不愿记起
你课堂上眸光里的自己

你忘了，十七岁时
春天里我们一起看嫣红姹紫
我不愿记起
你分班后窗外寻觅的人

你忘了，十九岁
夏日里我们一起渡海峡
我便不愿再记得
你带我去看太阳升起

你忘了，二十岁
秋夜里我们一起看灯火通明
我便不再提及
你带我去看花成蹊

梦里的你把一切抹去
梦醒的我赌气写下这首诗

我在等那一声惊雷

春夜里
一声惊雷
惊醒我的友人涔涔
她的诗情
如雨后青草
一根一根向上生长

倘若某日
它长成参天模样
我便去往你的梦中
偷一点诗情
灌溉花开

又是一个雨天
与君同语，那天
你的诗情不改
竖起一座座无言的青山

今夜，又来了一场雨
而我在等那一声惊雷
在等大水
漫过今天的山

有　思

她说，万物终究归于沉寂
世界斑斓宁愿选择归一
风来，你的麻花辫
被托起
花开，你的全部眸光
被收集
叶落，你的言语
被凋零
秋风起，月光垂
温柔秋水流过心上
环佩声声
月光濡湿谁的霓裳

孩子呵，
你坐在长着青苔的石头上
思考生与死的问题
这问题也在沉寂中
默默地偷看着
你

你，一个独立的个体
追求与这世界归一时

心与神，却早已

融进秋水皎洁之中去了

野鼠轶事

人来人往　步伐匆忙
步履蹒跚时
岁月将变得匆匆

没看过花如何开的人
眼中　花在风里摇
便是她无法容忍的炫耀
我的梦中
一只快活撒野的野鼠
被家猫堵在角落之处

夜渐微凉
家猫怨怼野鼠
晨曦来临时
家猫继续在主人面前
保持优雅

野鼠
此时不动声色
也未去他处觅食
只有成日的惴惴不安

人们说

它是"硕鼠"

向它丢下厌恶

年轻人　我也为你叹息

陌生人

寂静的日子里

手无缚鸡之力时

愿你战胜得了黑夜

生活散落何处

友人 Jesse 说，
"复世舒活。"
——世界很复杂，
我们舒服地活着就好了

读过"复世"
薪火煮茗有所滋味
应如秋水垂钓
不疾不徐
把日子过成诗的模样

Katina 是妥妥的"生活家"
我与她收集生活散落各处的灵感
寻觅闲暇时光逐个实现
锅里煲的汤，手里捏的饼
皆有"舒活"之意

清秋，落尽了最后的浮华
这日子啊，慢慢散去

夜深人静之时
回家路上

被贴上"矫情"标签的小姑娘

还在想着吃蔓越莓麻薯

生活敬你一杯咖啡

东篱执笔午时间
暗香又盈袖
她与活在理想国的果酒
老死不相往来
偏就浓烈地呼出香来
吐纳间，吸入的皆是倦意
困乏时，满腹虚妄
理应与之相伴
愉悦地清醒地逃进
这热气腾腾的人间

任由自己发挥
成为一位"生活家"
岁月如歌，随风起舞最相宜
午后，我削尖了铅笔
暗香浮动，牵引笔尖
我由着她，画出
一首诗的模样来

我想收集一些新绿

我想收集一些新绿
即使春意阑珊　也该去珍藏

心无所定的时候
我也想成为富豪
搜罗一大堆书　慰藉心灵
还要给家里的小宠添置物什

优哉游哉的时候
我也想成为穷鬼
捡拾起瓶子　一个一个
还要分给巷道里的孩子们糖吃

一日一日　因循因循
岁岁年年　坚如磐石

落单的白鹭逃进寂寥的世界

人世下起了雨，喧嚣嘈杂
雨声淅沥，在心里化作荒芜
曾爱听雨的女孩不在听雨
搬了把小椅子歪着头
看着漫天的凉意
舔舐尚未愈合的伤口

清凉的雨
飘在脸上的瞬间
眼泪逃进了
另一个眼眶
像落单的白鹭逃进
另一个寂寥的世界

雨后的阳光泼洒满天空
为这世间作画
海边的沙暖和着我的脚
草木菁菁，淌成诗篇
心底有人在唤我走出绝地
明晦间的连牵系在手上
我看见
春花夏荷秋月冬雪

下午茶后是微醺

右手牵着夕阳，蹦蹦跳跳
左手执杯，饮的是月
梅子趁着气泡酒不注意
偷偷沉沦
暮色的温柔里
坠落的是天边的红气球

斜阳浅照
花茎摇曳掀起一阵风
黄皮肤的姑娘盛开了裙摆
这家小小的咖啡店里
宁波人在谈论着城市规划
我和她看见彼此眼底的笑意

清风送达

雨很轻地　下来了
总是伴着
窸窸窣窣，万物生长的声音
润遍万物，云彩便拂拂袖子
杳然归去，不带有一丝犹豫

细雨初霁
你裙下欢快的自由的风
有着蜻蜓略过一朵莲的轻快
你笑响的音韵里
萤火虫
化作点亮夜晚的星子

在那之前
戚容镌刻进了骨子里
微语呢喃不了春天
春的手，抚上你的脸时
你终究一展笑颜

我愿踏遍天下，寻求良方
潇潇雨歇，鸟歌婉转
那位听雨姑娘没告诉我的

清风来送达

原来
良方是我

陪我赏花的人远行了

桂花有了开放的痕迹
陪我赏花的人远行了
在海边，等一杯咖啡的时间
高铁却将你带离这个城市

行囊跟着时序
一起入秋
书本、秋衣、桂香

桂树下的光景
轻轻勾起我的想念
叶间花间所泻的阳光里
有谈笑风生的我们
再寻常的小事
与你一起做
都是幸福
不疾不徐，执杯浅酌
这年的冬天会把你送来

稻芒的力量

世人说，"死了犹如活着"
我想，它不仅慰藉生者
更诠释了生如夏花般的亡者

得以永生的生命体
是这稻芒
芒锋刺穿饥饿
芒下深藏希望

明月惊鹊
清风鸣蝉
稻花安安静静来了
又悄悄化作尘土
带来丰讯
润物无声

先生他四体勤而分五谷
拯救了饥馑中人
"但得众生皆得饱
不辞羸病卧残职"
如今，他去了
和光一起化为永恒

稻田里水萦萦

他来时，它们环珮玎玲

唱支歌儿给他听

他走后，它们奏出哀乐

还伴着人们的想念

稻穗云满天

麦芒仿佛获得了力量

从此，天上也是一片稻花香

又见星

每艘系着小灯的船
都是一颗星
每桩肃立于近岸处的灯塔
都是每夜的月

每颗星的毕生所愿
就是接近光明
为此它们
不问西东、夜夜追寻
但是命运早已
为它们画下辙迹

星子呵
我笑你痴
你小小的桅杆上
可不就有光明

解缆起航时
黑暗中虚无的光明里
要认准心里的坐标

昨日，它背后泛出点点光亮
今天，我遇见了这颗星

穿越凯旋门

一行一句法语字

是世界写给我的情诗

收到情诗

是今生今世的欢喜

名词有多少变化

动词又有多少变位

简简单单一个词

良久良久

捉摸不透

红墨水批断我写出的词

当地人的口语规正我的口语

翻越一山后喜

一山放过一山拦时忧

但我知，它始终公正

像里昂法院里的那架天平

又一次我拜倒在她的石榴裙下

又一次我扶着额头记不住她的词汇

又一次我在她高贵的注视下睡去……

又一次，我摔倒在奔赴法国的路上

可是，我深深地记得，"C'est la vie①！"

---

① C'est la vie，法语"这就是生活"。

假如我不曾遇见黄昏

她与黄昏恰好相遇
眼泪惊鸿一舞于空中
到地上又坠成
一朵白色怒放的花

她咬着牙
把幕幕悲哀
在人间熬得浓稠
那些欢喜与忧愁
都化为乌有

窗外传来鸟啼
推窗始觉　人世间已是
冰雪消融　春暖花开

我与你相见在山前

河岸的蒲公英野蛮生长
这地上散落一地羊毛
弄潮者说
不畏登山苦
只痴迷那随风起舞的灵魂

挺过的抽搐
掀起今夜的凉风
你贪婪偷窥着山后那片海
晚风掠过你头顶时
我与你相见在山前
霜冻强压着你去向海边
你只好奇那片海里的斑斓

以诗为证，我记得你
这个摇曳在风雨飘缈的你
所见的一草一木都记得你
这个划桨在知识对岸的你

用诗斟满你的酒杯
你和春天
都醉倒在山的那边

想去你修篱植花的田园

星期六的早上
我和百合花一起醒来
鸟儿歌声飘来　我与其一同欢歌
此时　花的馥郁是含露的
我的心情　是舞在朝阳下的春意
而你　是向我奔来的生发的万物

我摇曳满树桂香　来庆贺
今年　我们的第一次
有预谋的相见

仲秋桂花与"装在瓶子里的西班牙阳光"
最相宜
雪莉酒的温柔绽开的时候
我喜欢看见
你微醺而自然的笑意
她与你皆浪漫得热烈

今天的花开
都是以美丽花店老板娘
"Jesse"命名的
她说"今世卖花　来世漂亮"

不论花店是否飘出花香

我知　你心深处

定有修篱植花的田园

你把浪漫收割

善意包捆的花束

每个与你相遇的人　都会喜欢

周五的晚上　我等你

在当晚的梦里

穿着碎花裙子的你舞在春天里

任凭镀银的彩色项链在春风里晃荡

这夜　月朗风清

周六的一束花开　如约遇你

那是我送来的　你那天的好心情

背后是沙沙鸣叫的竹林

春，铺平她的叶
班车于天上泼墨般驶过
灵感哄闹着要文艺复兴
如笋子般拔地而出

你提着小篮去找笋子
背后是沙沙鸣叫的竹林

当我们走出这座小城

（一）无妄之灾

凡所有过往　都已化虚无
忘记的人不该存在　这座小城
抱着记忆蹚过大海
被空洞的甜蜜一浪一浪地拍打

向风借一对翅膀
翩然降落　你的城市
你会不会与我相拥

秋风刮落不被理解的叶
还在沙沙鸣叫　唉——
何时　我们走出这座小城

（二）那里有你

寻来一点花开
遥遥寄往城的尽头
我在这一头　邮寄斑驳陆离的爱意
你在那一头　不知是否读得懂花语

小径在杨柳树下开岔

相同的一座城

相爱的人　通向不同的岔路

(三) 满目尘土　花香可嗅

风雨兼程　行走　流浪

我敢　在你对话框里不开心

鲜花开在一束束阳光下

我敢　在和你的视频通话里说笑

鸟扑棱棱跃上一串串云烟

不同的岔路都通向出城的路

纵使夜雨　我们——

也不停　共赴城外好天气

姑娘她姓李

虚无里，你把我叫来
说要领我看这人世斑斓

斩断盘盘困困龙川河
甬江边上抱着我扎了根
冥冥里　注定我的开端是你
割舍不断　还是你

人类的邻居

幼猫被摔死
是的……活活摔死的
胖女人　和吃她尸体的狗
一样狰狞　蚕食她的生命

昨天和我谈论古巴比伦的鸡
今天很扁地躺在马路上
没有血
也许他想变成
古巴比伦书里的一幅插图

阳光拦下了潇潇秋雨
他也想护你安然走上冥道

可是　可是——
这阳光灿烂的午后
没人　把他们还给泥土

那些炙热的事物开始走向我

大片大片的樱花云
在我头上抄着经
我一字一句读，小心翼翼
唯恐抱不住樱花做的城堡外
那一树树的花开

身处满是忧虑的旷野
想起，山上有只狐狸
它偷走过我的睡梦
它再来时　我要随它去看
那披上春天的珞珈

因此，我开始贿赂生活
那些炙热的事物便开始走向我

月亮悄悄来到我身旁

山边，人们常说，
"幸福隔得远，
远在另一个山头。"

生活却说，近得很！
水里看月亮，
以及——
你在我身边！

黎明打磨我

今晨，和太阳一起升起
往田里走，收割诗歌
一阕《点绛唇》点亮孤独的我
前辈的镰刀边，我遇见我
她在哼唱：
"适过青阳，慵随春去新泥路，著荆桃雨，观
　碧纱裙处。
醒醉携君，耕罢书田土，重花露，罩衫披竖，
　斜揽香肩护。"

苦行之路
——走遍万水千山

树知道——
轮回，不过是场逃难
从熟悉的，逃向不熟悉的
人所向往的上一世之所弃，发问你
今生何时追到曾被厌弃的安全感

睿智如树
一切随风
把答案写进"沙沙"里

猫的值守

肥猫　呼噜声锯着作业
像玫瑰不紧不慢地放出香气
孩子的笔　唰唰声拥着肥猫
像机器匆匆忙忙地完成程序

夜里的暖风催促着生长
午夜的孩子忙碌着学业
而家人　冷眼旁观着一切
亮着橘黄灯的窗里传出了责骂声

我冬天的构成

一袭霜雪，两三点樱红连缀成冬
在神吻过的自然行走
寒气预报雪花，激情预报晴好
我的太阳，耳机里偶然的出现
它便安抚寒天冻土里的根
手里佛罗娜的爱——我和他的故事
也绽在人间四月芳菲里

友居珞珈山

四月的樱——
我着正装
捧着心盛来呀
世界，一片甜香

神在山上抚摸盛春的世界
我疾步快走接近春天
遇上她时
樱花瓣爱上了我

寂　寥

天青花红透
白鹭濯足，水中央
风拿着扫把在扫
落花残红，我对你的思念
临近考试，不愿吹起你的试卷
而我的世界，你也不曾来过

时光就此路过

青年人呵——
当你痴痴醉在虚拟世界
时间老人踱步从你身边经过

你望着手边的事发愁
而他早已走远
他，不曾回头看看你

向阳而生

那时，有很多的思绪呼唤我
春天的我也在唤我，大声疾呼
只有现实催促得了我：
正值夏季，好好长叶开花
结的果在未来遥遥地呼唤我

人间丢失了的那束阳光
将在以后让世间更光亮

丢失玉镯的夜

青天里卧一轮羊脂白玉
银河里，我为你将它捞起
并嘱咐它好生作清影手边客
不亏它的——美人手边舞玎珰
你静时，它也便安稳得
像挂在昨天的树梢一样
挂在你腕上了

夜，它不再回天上
怕是将，水汪汪的腕
当作那银河了

那时，冷香袭来
我看见你，在笑

与幸福不期而遇

打开行囊
前途的小歌
钻出来，悠扬
心底的不宁
溜出来，急躁

步履匆匆
我们学会聚焦忧虑
赏心的曲子里
汇入的不和谐
怎能被放大
盖住乐章的华辉？

推着旋律走到高潮时
他也就失焦了

前途漫长
我依然在走
心却被迈出的每一步
给深深吸引了……

逃离人间的午后

踩罢沙滩，看海天一色
抛罢忧虑，享当下之福
这日午后，去赶场孩子看的电影
像是赶一场儿时的约会
你的童年伸开爪子抓住现实
心深处、它像猫般发出呼噜声
在这新年鞭炮残骸遍布的沙滩

逃离人间的午后
想有一部相机，能挽留
湛蓝的天，雪白的沙，眼前的海
愿世间美好涌向心胸
而童年，永远在治愈苦难的人

天各一方

向着清宁
也向着你
我应该前行
去寻你

慵懒的窗，骚动着的旧疾
被推开和被打破
我和你
还有个未来，提醒我跑

春天，应当
奔跑在
去见心上人的路上

装着父亲的镜头

（一）疼爱

他在饭桌上洽谈生意
孩子嬉闹着，远远拍照
因为她看到他绽开了笑容

一看照片才注意
沧桑
刻进了每一条皱纹
长进了每一根白发
慢慢，她的父亲
变老了

往后翻，另一张
那是父亲在看镜头
她知道
笑，是为了她笑的

（二）藏爱

"时光荏苒，匆匆人生，

和喜欢的人相聚的日子并不多，
所以要珍惜每一次相遇和相聚。"
也许快节奏已支撑不起"含蓄"
从前慢慢读封信的日子也已过去
但，只能这样说
就像他，偷偷看着镜头

是　夜

揭开深蓝幕布的一角
满池星辰，再无阻碍
瀑布般泻下来

我，站中央
你眼里的我
将发出光来

光景轻起，等你来
把我的长发，也放下来

满山青黛为你写诗

春天，满山青黛为你写诗
请你一步一步地走，细细地品味
世界对你的爱

如果你的身边没有了我
满世界都将是我
在深爱我的你眼里

晚风拍打太阳
哄睡着世界
我，站在你身边
在泪光里，也在梦里

生活似水一样流淌

春意正浓

四月，往万物的嘴里

送口甜食

万物喜滋滋地长

喜，是蛰伏和冒尖时期的嘉奖

视频里

你的嘴像金鱼嘴

开开合合

似水一样流淌的生活中

缸里的金鱼吐出气泡

而我眼中的你吐出了春天

等待一束光的到来

他一遍一遍地打扫
沉在我心底的落叶
不知，要扫到什么时候
才会逢着下一个春暖花开

那棵大树
整天都在抖落自己枝叶
屹立在广阔的草原上仰望星空

何时连理

时光莽撞，看不出
一棵常青树的忧伤
落叶落得不慌不忙
在生活这个容器里
这棵树浸泡在思念里
根，深深扎进大地
地下，它等着和另一棵树相拥

有一天，春天会来
时光再次经过，它会发现
那是两棵枝叶相连的
常青树

二十岁，站在路口

年纪轻轻，站在路口远望
房子、车子、孩子
絮叨如剑
抹杀了的天真和自由
该哪里去找

爱情？
他们苦笑着否认它
似乎从未尝到过它的甘甜
我也笑笑，
黑暗里也要一直走下去
追梦。圆梦。无畏结果。

身边依旧是那束阳光
才有勇气无畏未来
泥底下终会钻出花来
这新生的幸福之花会被春天拥抱

希望是启明星的光

今晚，在夜色里一跃
手把方向盘，车从掌心坠落
自由追着风，风往你的城市吹
去看明媚的春天早晨，还有你

迷惘的我
穿上正装，点燃一支烟
咖啡在品尝着我的苦涩
我们忙着走向未来时
此时的天就会泛起鱼肚白

失　焦

"不擅长隐瞒" 推我进恐怖片
新一轮的死亡在叫我
匍匐的无力使我灵魂失焦

一起听的歌和想象里的以后抱紧我
我还是装作无事，拿着笔
歪歪扭扭的法语字流泻
对你，我想假笑一下，假装轻松
可表情，它什么也挤不出来

恐惧里，也在大步流星
渐渐踏近身旁可以有你的以后
如果以后，你看见我
我已经变成了另一个我
眼泪，也绝不会轻易掉下

生活随笔尖旋转

东航上欲笔——
如果此时，她不愿入梦来
安握那只难耐但仍执笔的手
坚决的手仍会将她的逃离画进诗里

一小时前，云雾迷蒙的氛围
使你玩捉迷藏玩得起劲
此时是一小时后的武汉
落地时，你便无处可藏

淘气的你，不知道——
落地后的我
将把自己的生活旋转起来

不知何时能安静，又像此时般
坚决地执笔

傍晚，我遇到了星

黑夜里还要蒙上我的双眼
窸窸窣窣花草在生长
我慢慢习惯

浓郁的黑
想解我的缆绳晃荡
林子里
逃走的蒲公英在迫降

你却夜夜放声歌唱
救赎一片黑暗里的生灵

离家出走的胃口

串串火锅店里签桶是满的
你递给我的花草茶是香的
喜欢你的，是我的胃口
绝对，不是我

刹　那

思想，天上飞时
请别打扰我——
迫降，让我陷入迷茫

星子，漫天地长时
请别告诉我——
低落，让我迷失浪漫

你，终于要来时
也请别知会我——
委屈，让我收不住眼泪

世间万般美好

女孩思想奔跑的森林里——
采朵涟漪，扩大
她身边的人群里——
这朵涟漪让许多人感受到幸福

热闹的，是内心
熙熙攘攘的是遇见美好的细胞
它们在叫嚣
当小姑娘品尝到喜欢的新品
当他看到她微笑的脸庞
甜丝丝的空气里
一切都刚刚好

最终你还是乘上云飞走了

认识你前，你叫"银狐仓鼠"
彼此相识，你叫"鼠鼠"
第一次抱你，你很紧张却面临着关爱
最后一次抱你，你非常信任人，但——
没人知道，这是最后一次抱你

最终你还是乘上云飞走了
走后的第四天夜里
我盖紧了被子，写诗
走后的每一天我伤心时
只能看你化成的风——
它很像你，欢快地
在人间跑来跑去
至于养鼠，工作稳定前
我将不再考虑

晚风吹响树叶笑话我
这几天没能睡个好觉
希望我照顾好自己
像照顾好你一样
一个人时也可以欢快地
在世界上闹一闹

如何叫醒春天

如果明天
写着寄语的两片叶子
不再相生相依
破碎的往事——
树下人不知怎样拾起

如果以后
两枚相爱的叶
再也不能相见
这两片可怜的叶——
春天如何叫得醒

如果明天以后
我不再相信有可能
看那天地会如何崩塌
堪堪长路，我只愿
用肉足走向远方
好在——
伸出手来，总有片叶
落入掌心

跟火车一起出发

背上黎明启程
静夜为游子作别
目睹这列车驶向死亡

受委屈时——
请像第三者一样旁观吧
就像旅人望向窗外的不堪
它终将会一闪而过的

你快乐时——
请像到站一样下车吧
就像旅人体验不同地域的风情
它终将会成为回忆的

悲欢聚散皆是客
孩子，平静地面对一切吧

星空入眸

设宴人间，星海做东
把你的美就着热酒，醉眼执杯浅尝
流浪灵津，星海茫茫
寻生生世世的眷恋，回首再遇柔光
经过你身旁，眸光缱绻，惠风也和畅
贪慕你身旁，我心申白，至于清冬

寻你所见，苍穹深情
从此，遍满繁星
我的行星失了轨道
努力奔向你，哪怕相撞
割舍不掉你的星海，哪怕去向远方
深空如旧，张开双臂，拥我入心中
如果，能够如愿以偿——
请把我埋入，朝思暮想的星空

一杯咖啡的呼唤

披头散发的女人
赤着脚
爬着
向着白天的方向
虔诚地呢喃
"请让我睡去吧"

她不清楚
为什么别的人
只是闭眼
就会被黑夜接走
白天又会被闹钟接回来

而她只是
努力，尝试和努力
在黑夜里
时不时睁开
她无知的双眼
幻想着那瓶
躺在购物车里的褪黑素

图书馆里的咖啡遥遥地在叫她

太阳把光分给每一个离甬的孩子

傍晚的宁波能将我灌醉

我醺醺的眼里

白鹭扑棱棱从郭沫若的散文里飞出

大片靛蓝的海拥着这座城

此时，我拥有宁波的全部夕阳

我满心的不舍

终究是，烧完了临行前的黄昏

而太阳，只是默默而公平地把光

分给每一个离甬的孩子

隔日的游子背离了海洋

于是宁波，在栎社慢慢熄灭了

它作为一个母亲的目光

时间，偷换概念

妄图将甬江偷换成长江

可是，宁波的孩子是甬江抚养长大的

有一天，他们会满载知识归来

没有你的冬日

常青的叶

深爱空了的巢窠

湿漉漉的

咖啡香气寻觅我

水汽亲切地

氤氲上了眼

没有剧本

相思在这个冬天上演

有你的情节

在波澜的心绪里

倒也显得太平

收容我的孤单

一起去的地方

醉了我的时间

你的大衣口袋

温了我的酒

你的温暖大手

烫了我的脸

因为记忆有你

我笑着面对冷

期待和你一起遇见这个冬天

那时，江畔、晚风和微醺的你

画 卷

一阵穿越林间的自由的风
是，翻越书页时的我
翻一本书，你在读我
你和我的生活连接在一起
世界在我眼前绵延

花一直开

你的花，未落
跫音，使我从梦里惊起
寒夜也要循着乐章追逐你
我从史前跑向以后
只盼抓住你的衣袖，震天一吼
花瓣，不会落
只有我，像你的酒徒，终老了一生

从落幕走向黎明

月亮漏了
我和你，从月光中飘逸
到人间四散
你把我，从黑夜里捞起
一起走向子夜
去看那鱼肚白

人间山河悲壮
泫然欲泣的
不是我和你
是人生
它一脸的愁容

而我们只好笑
一直笑

向那原野进发

逃离，不是避风港的笼子
华美的金栅和距离的优雅
现代封建生长的藤蔓牢牢缠绕
红的血滴落，啪嗒啪嗒
勒索的是我的生命
笼子伸出手来，它望向我
望向我梦想中的迷途

来不及穿鞋，来不及梳妆
抓起我的灵魂出走
向那原野，知识所在的天堂

寻 光

划破了安静，漾散了惊雷
我不愿回家
灿金色的天空，我要收割流云
风来，云歌，镰刀也在找寻
我和蔚蓝笑着遁入空寂
光辉里，还相约，去看人间四季

蜡　梅

寒夜大肆涂抹浓郁的冷时
点点微醺的香，眠着
渺渺无期的斑驳的红，在她梦里

寒夜里醒来
她如愿离开苞房
冷淬炼魂后
冷不再是冷，升腾
打从冬天经过，人们欣叹：
好一片悠然的冷香

邂　逅

天地引力，湿漉漉的潮起
向海滩行走的我
把呼出的花瓣推来

我遇见你
这朵熬不过冬天的幼花
只好将你抱起
走向温暖的巢窠
你看见很多朵花，开在我家后院

你带不走我的光

夜晚降生我
清冬摇曳起夏花
豪饮一口短暂的痛苦
向河心投掷孤单
陪伴我的是漾开的星辉

我流浪的时候
会找个桥洞躲过追捕
再看河里的清辉
河水带不走的星月
常给我的欢喜

身有所居，心无定所
我就愿在这世间
陪着我的思想一起流浪

吾心安处

每天，路过那片林区

张望我的朋友时

透过锁孔，我看见小径向远延伸

路旁树上的花瓣

对着天空喊叫

那里的人们很奇怪地忙碌——

他们总砍伐树的天真

树不说话

透过锁孔看着我，编织着年轮

而他在尽力保护树的天真

哪怕牺牲夜晚的代价

受到火把的驱逐

人们说

树和他是疯狂的野兽

那片森林

爱，它不眠不休地弹琴

乐音初起时，阳光就会洒下来

浓郁的雾

被阳光拨开后的每一天

清晨，我要向太阳

介绍他——

他是树和我的朋友

午时，我要向路边吐舌头的狗

介绍他——

他是击退黑暗的精灵

傍晚，我要向星子

介绍他——

他是熹微的明天的晨光

某个油画一样的下午

我翻开书的扉页

才知道那棵树

那棵隔着锁孔的树

它是我的魂灵

长江水里宁波的倒影

柔风，长江。
求学的少女们放起纸鸢，
小袖下的藕臂把欢喜挥舞。

春树学姑娘扮俏，
熏春香，亦簪春华。
樱腮欲醉我，
还把春泥踏破。
逆流之上，
砌起琼宇万座。

下一次离甬在秋天，
那时，人间寄去一缕香尘，
天上就落一滴乡愁的泪，
这世间便多上一粒桂花。
桂花香馈在甬江边遥遥地叫着我，
宁波的轻烟撩拨四时的我。

学堂。武汉的板书。吴文英。
老师说，他是宁波人。

视线落在书卷

人世间

灵魂之焰跳跃

春雨徐徐浸透

神识有所燃烧

枯苗之根和那破岩

在生活场景里交织

月夜里

它想念清晨

滂沱之雨所歌

乐音汇成篇章

涌向全世界

震撼这世间一切的我

视线和我

都在慢慢走

走进篇章的源头

再来看世间万物

断翅而飞

断了的线和
被剪断的我
摊平后
依旧赏心悦目

翻转着坠
我跌入泥地
干净的沙歌唱
肮脏的尘叫嚣
每当捡到一颗沙
就看见，太阳蒸腾起
它身上的脏水汽

我还想
呕出花籽
在泥地里种花
而太阳奋力洗净泥地
金贵的思想
在阳光里闪闪发光
和疗伤的我共苦

跋

感谢各位读者朋友读完了我的诗集《傍晚，我遇见了星》，这本诗集记录了我从 14 岁到 21 岁创作的诗歌。对我来说，它虽然不尽完美，却实实在在地记录了我的成长历程。

诗歌，我们缘起时，我是稚子，你却是一个两千多岁的慈祥老者。从小我便向你的怀抱奔赴。我极其热爱读书，为 9 岁的自己写出第一首诗打下了基础——我的父母非常支持我看书，他们从来不会怪罪我把学习的时间花在了读书上，而是选择满足我的爱好，替我买了一本一本的书。我是从 9 岁开始写诗的，在那一年我认识了郁旭峰老师，他在学校教儿童诗。在他的课上，我的想象力可以自由飞翔。从某种层面来说，是他保护了我的童心，让我的童心没有在应试教育中磨灭，使我可以尽情地奔赴山水，在宁波的山峦间行走，和花花草草小动物对话，感受一个人的幸福，上一个人的自然课。郁老师发现了我的写作才能，并且帮我在《未来作家》上投稿——这对一个 9 岁的孩子来说是一种莫大的鼓舞。而后，即便我去了中学，我的小学语文老师也依旧记得我，等到我回母校看望他时，他递给我一张有关诗歌的荣誉证书，而这张荣誉证书在他的抽屉里已经藏了整整一年。

我对自然的花草树木似乎有着特殊的情感，从实小振文书院里的芭蕉叶到中学门口的紫藤萝瀑布，再到高中大石级上可以望见的油菜花花海，以及此时大学校园里的樱花，我都倾注过自己的感情。大学中我遇上了许多可爱可亲的老师，他们给予我的是一个我灵魂得以栖居之所。从中国现当代文学到中国古代文学，从古代汉语到语言学，我从小看书所得终于有了理论的框架，使我的知识结构趋于严谨，使我站在前人的肩膀上思考问题看见更远的山。

在此期间，每一个教我的老师对学生的教育都不仅仅是局限于书本，而是教给了学生人生哲理，让我成长为一个真实善良的女孩。通过学习，我学会了思考，认识到脑子是用来想事情的，而不仅仅只是一个容器用来装知识。前路，我背上行囊慢慢地走，我用心记下每一个老师的脸，我学他们将善意传递给他人，用我的脚步丈量这个世界，用我的真心热爱全部的生活。最终，我走出了他们的视野，成为一个比刚遇见时的我更好的人，而他们则继续默默无闻地培育国家的桃林、李林。我知晓老师的最高境界，大概就在于"桃李不言，下自成蹊"。

年幼时，老师在我心里种下诗歌的种子，经过十几年的灌溉，它终于长出第一个花苞。我将会在我所爱的路上走得更远，经历每一阶段的苦痛，遇见优美成诗的风景，还念着每一个浇灌我文学梦的师长。

图书在版编目（CIP）数据

傍晚，我遇见了星 / 金佳娜著. -- 武汉 ：长江文
艺出版社， 2025.5
ISBN 978-7-5702-3455-4

Ⅰ. ①傍… Ⅱ. ①金… Ⅲ. ①诗集－中国－当代
Ⅳ. ①I227

中国国家版本馆 CIP 数据核字（2024）第 029491 号

傍晚，我遇见了星
BANGWAN, WO YUJIAN LE XING

责任编辑：胡　璇　　　　　　责任校对：程华清
封面设计：祁泽娟　　　　　　责任印制：邱　莉　王光兴

出版　长江出版传媒　长江文艺出版社
地址：武汉市雄楚大街 268 号　　　邮编：430070
发行：长江文艺出版社
http://www.cjlap.com
印刷：湖北新华印务有限公司

开本：880 毫米×1230 毫米　　1/32　　印张：4.25
版次：2025 年 5 月第 1 版　　　2025 年 5 月第 1 次印刷
行数：2567 行

定价：52.00 元